Bollig, Ursula

Christa Troll
Michaela Hartl
Nadine Lohmann

Hauswirtschaft in Bildern

Garmachungsarten 1 für Anfänger

Auer Verlag GmbH

Gedruckt auf umweltbewusst gefertigtem, chlorfrei gebleichtem
und alterungsbeständigem Papier.

1. Auflage 2010
Nach den seit 2006 amtlich gültigen Regelungen der Rechtschreibung

Fotos: Friedrich Rieß
Umschlagfoto: Fotolia
Satz: krauß-verlagsservice, Augsburg
Druck und Bindung: Kessler Druck + Medien, Bobingen
ISBN 978-3-403-0**6435**-0

www.auer-verlag.de

Inhaltsverzeichnis

1 Vorüberlegungen

2 Medien

3 Arbeitsblätter

4 Rezepte (in alphabetischer Reihenfolge)

1 Vorüberlegungen

Im Fach Hauswirtschaft steht neben dem Planen und Organisieren vor allem das Zubereiten von Speisen im Mittelpunkt, wobei grundlegende Kenntnisse der Ernährungslehre durchdrungen und erlernt werden sollen.
Damit Schüler* selbständig gesunde Speisen zubereiten können, müssen wesentliche Fertigkeiten, wie z. B. verschiedene Garmachungsarten, erlernt werden.
Diese sogenannten Grundtechniken können anhand einfacher Rezepte eingeschult werden, damit der Schüler diese erlernt, einübt und auf weitere Gerichte übertragen kann.
Das Einschulen, aber auch die immer wiederkehrende Sicherung dieser fundamentalen Techniken ist von großer Bedeutung. Mithilfe der Bildkarteien und dem dazugehörigen Begleitheft können Sie Ihren Schülern zusätzlich zum Realmedium (Lebensmittel, Arbeitsmittel) die Techniken schüler- und sachgemäß veranschaulichen. Die einzelnen Arbeitsschritte werden auf Fotos visualisiert. Somit können Sie die Tätigkeiten in kleinen Schritten einführen und die Schüler bei der selbstständigen praktischen Umsetzung optimal unterstützen.

Aufbau der Bildkartei „Garmachungsarten für Anfänger"

Die Bildkartei „Garmachungsarten für Anfänger" besteht aus 44 Karten, die die 11 Garmachungsarten Kochen, Druckgaren, Dünsten, Braten in der Pfanne, Schmoren, Braten im Ofen, Backen im Backofen, Überbacken, Grillen im Ofen und Frittieren vorstellen.
Zu den am häufigsten verwendeten Garmachungsarten (Kochen, Druckgaren, Dünsten, Braten in der Pfanne, Schmoren, Braten im Ofen und Backen im Backofen) gibt es Karten mit Fotografien der einzelnen Arbeitsschritte, sowie einer doppelseitig bedruckten Gruppenkarte. Zur leichteren Sortierung sind die Karten zu einem Thema immer mit derselben Farbe hinterlegt.
Weniger häufig verwendete Garmachungsarten (Überbacken, Backen in der Pfanne, Grillen im Ofen und Frittieren) bestehen nur aus einer Gruppenkarte. Jedoch sind die detaillierten Arbeitsschritte auf der Vorderseite der Gruppenkarte abgebildet.

Beispiel Arbeitsschritte „Dünsten"

Dünsten – 1. Fett erhitzen

Dünsten – 2. Gargut zugeben, kurz andünsten

Dünsten – 3. Wenig Flüssigkeit aufgießen

Dünsten – 4. Deckel schließen, auf niedrige Hitze zurückschalten

* Aufgrund der besseren Lesbarkeit werden in diesem Buch ausschließlich die männlichen Formen verwendet. Wenn von Schüler gesprochen wird, ist immer auch die Schülerin gemeint, ebenso verhält es sich mit Lehrer und Lehrerin.

Gruppenkarte „Dünsten“

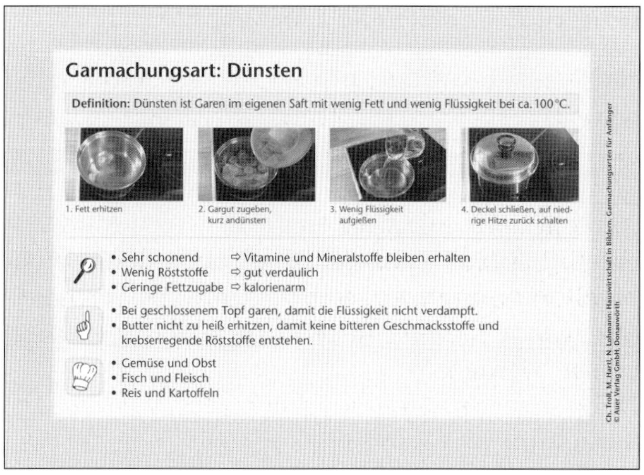

Die Vorderseite der Gruppenkarte zeigt das Wesentliche der Garmachungsart, z. B. einen geeigneten Topf, geeignete Fette und die zu verwendende Flüssigkeitsmenge. So kann der Schüler anhand des Bildes schon die typischen Kriterien der Garmachungsart erkennen.

Auf der Rückseite finden sich eine Definition der Garmachungsart und eine Vorstellung der Arbeitsschritte in Wort und Bild. Weiter wird die Garmachungsart aus ernährungsphysiologischer Sicht (Fettzugabe, Verdaulichkeit usw.) bewertet. Außerdem gibt es Merkregeln zur Ausführung der Technik, sowie zur typischen Verwendung in der Küche.

Die einzelnen Punkte auf der Rückseite der Gruppenkarte sind mit Symbolen versehen:

Beurteilung aus ernährungsphysiologischer Sicht

Praktische Tipps zur Lagerung und Verarbeitung

Typische Gerichte bzw. Lebensmittel, die in der jeweiligen Garmachungsart zubereitet werden

Begleitheft mit Kopiervorlagen

Das Begleitheft beinhaltet zu jeder Garmachungsart verschiedene Arbeitsblätter als Kopiervorlagen zu Arbeitstechniken, Rezepten, Differenzierungsmaterial, sowie einen Steckbrief zur Beurteilung der Garmachungsarten, der zu jeder Garmachungsart verwendet werden kann. Sie finden im Begleitheft außerdem sämtliche Arbeitsschritte der Bildkarten als Wortkarten, z. B. [Wasser einfüllen], [Deckel schließen], die Sie vergrößern und parallel zu den jeweiligen Bildkarten einsetzen können. Die Wortkarten können zum einen zur Begriffsbildung als auch zur Sicherung an der Tafel verwendet werden.
Alle Arbeitsblätter beinhalten neben der Arbeitsanweisung sogenannte Textbausteine, z. B. [Verwende Topflappen!] Mit dieser Hilfe können die Schüler den Text oder die Merkregeln ergänzen. So können die Arbeitsblätter in verschiedenen Schularten und Leistungsstufen eingesetzt werden: Bei leistungsstarken Schülern können Sie die Textbausteine einfach herausschneiden oder beim Kopieren abdecken.
Zu jedem Garmachungsart-Baustein gibt es ein Arbeitsblatt „Teste dein Wissen!“, das bei jeder Garmachungsart anders konzipiert ist, z. B. durch Ankreuzfragen, Rätsel usw.
Für alle Arbeitsblätter „Teste dein Wissen!“ finden Sie ab S. 32 die Lösungen. Die Lösungen können zur Kontrolle im Klassenverband oder zur Selbstkontrolle der Schüler verwendet werden.
Sowohl das Arbeitsblatt zur Technik als auch das Wissensblatt können in vielen verschiedenen Phasen des Unterrichts eingesetzt werden, z. B. als Gesamtzusammenfassung, zur Differenzierung oder als Hausaufgabe.

Einsatzmöglichkeiten der Bildkartei im Unterricht

Erarbeiten von Arbeitstechniken

- *Gruppenkarte Vorderseite*
(Einzelarbeit/Partnerarbeit/Gruppenarbeit)
Anhand der Gruppenkarte können die Schüler z. B. die Garmachungsart Kochen beschreiben. Die Schüler sehen einen großen Topf mit Wasser. Es handelt sich also um eine Gartechnik, bei der viel Flüssigkeit verwendet wird usw.

- *Gruppenkarte Rückseite*
(Einzelarbeit/Partnerarbeit/Gruppenarbeit)
Anhand der Fotos der Arbeitsschritte auf der Rückseite können die Schüler die Abfolge erkennen und benennen. Außerdem können die Schüler Informationen zur Beurteilung, küchentechnische Merkregeln und Verwendungsbeispiele in der Küche erwerben.

Sicherung

- *Unmittelbar nach dem Erlernen der Arbeitstechnik*
Die einzelnen Bildkarten können z. B. nach der Demonstration des jeweiligen Arbeitsvorgangs von den Schülern genau betrachtet und in die richtige Reihenfolge sortiert werden.
Die Bildkarten eignen sich außerdem hervorragend zur Sicherung des Gelernten an der Tafel. So kann der Schüler sie in der Schülerpraxis immer betrachten. Zusätzlich können auch die Wortkarten vergrößert und ebenfalls an die Tafel gehängt werden.

- *Auffrischen einer Schneidetechnik*
Wurde eine Garmachungsart eingeschult und ist diese in folgenden Unterrichtseinheiten in der Klasse oder bei einzelnen Schülern nicht mehr ganz präsent, so können zur Auffrischung die Gruppenkarte oder auch die Fotokarten herangezogen werden.

Veranschaulichung

Die Bildkarten zeigen jeden einzelnen Arbeitsschritt der Garmachungsart. Der Schüler kann anhand der Fotos die wesentlichen Teile der Arbeit ersehen und auf seine Arbeit übertragen. Es sind nur die wichtigsten Merkmale abgebildet, sodass der Schüler nicht verwirrt wird.

Differenzierung

Wie schon erwähnt, können mithilfe der Gruppenkarten einzelne Techniken wiederholt werden. Diese Wiederholung können Sie auch nur mit einzelnen Schülern durchführen, bei denen Bedarf besteht.
Leistungsstärke Schüler können sich mit der Gruppenkarte neues Wissen aneignen, das sie dann im Plenum vorstellen.

Aufbewahrung der Fotokarten

Zur längeren Haltbarkeit sind die Fotokarten auf beschichtetem Papier gedruckt, welches abwaschbar und wasserabweisend ist. Daher ist ein Einsatz bei praktischen Vorarbeiten und an der Tafel ohne Probleme möglich. Es empfiehlt sich, die Bildkartei „Garmachungsarten für Anfänger“ in einer stabilen Box für DIN-A5-Karten aufzubewahren, damit keine Karten verloren gehen oder beschädigt werden.

Sollten Sie sich weitere Bildkarteien aus der Reihe „Hauswirtschaft in Bildern“ anschaffen, können Sie alle Fotokarten gemeinsam in einem Karteikasten aufbewahren.
Kästen für Karten der Größe DIN-A5 sind in verschiedenen Ausführungen erhältlich, z. B. aus Kunststoff oder Holz.
Je nach Ausführungen sind die Kästen/Hüllen im Preis sehr unterschiedlich. Hier einige Beispiele:

Heftsammelbox aus Kunststoff
Preis: ca. 2 €

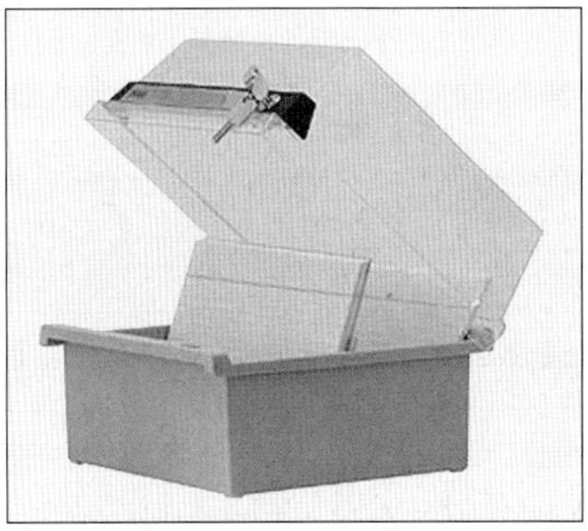

Hersteller HAN
Karteikasten aus Kunststoff
Preis: ca. 10 €

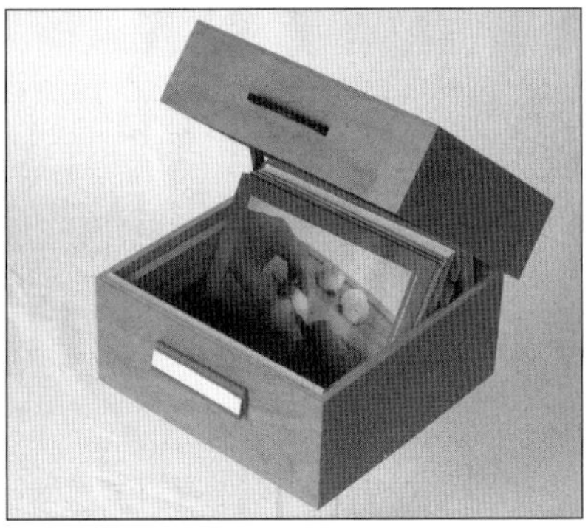

Hersteller HAN
Karteikasten aus Holz
Preis: ca. 40 €

Steckbrief zur Bewertung der Garmachungsarten

Hinweise für die Herstellung:
- Kopieren Sie die Vorlage auf Tonpapier und laminieren Sie sie, dann kann der Steckbrief mehrere Male verwendet werden.

Hinweise zum Einsatz des Steckbriefes:
- Einsatz bei der Erarbeitung, Sicherung oder Gesamtzusammenfassung
- Einsatz zur Differenzierung
- einsetzbar für Partner-, Einzel- oder Gruppenarbeit

Aufgabe:

Wir bewerten die Garmachungsart ____________________

☒ Kreuze Zutreffendes an!

Fettgehalt	☐ gering	☐ mittel	☐ hoch
⇨	☐ kalorienarm	☐ kalorienreich	
Röststoffbildung	☐ gering	☐ mittel	☐ hoch
⇨ Verdaulichkeit	☐ gut	☐ mittel	☐ schlecht
Vitamine und Mineralstoffe	☐ bleiben erhalten	☐ gehen verloren	

Wortkarten zu den Schritt-für-Schritt-Fotokarten

Hinweise für die Herstellung der Wortkarten
- Kopiervorlage auf DIN-A3 vergrößern
  Auf farbiges Tonpapier kopieren und laminieren
  Tipp: Verwenden Sie die gleiche Farbe, in der auch die dazu gehörenden Fotokarten umrandet sind.

Hinweise zum Einsatz der Fotokarten
- Die Schüler können die Wortkarten den Fotos zuordnen.
- Die Wortkarten bei der Tafelanschrift eingesetzt werden.

Tipp: Kopieren Sie die Wortkarten zu der Garmachungsart „Kochen" auf blaues Tonpapier.

1. Reichlich Wasser einfüllen

3. Gargut zugeben

2. Wasser im geschlossenen Topf auf höchster Stufe erhitzen

4. Deckel halb schließen, Hitze zurückschalten

5. Gargut evtl. abseihen

Tipp: Kopieren Sie die Wortkarten zu der Garmachungsart „Druckgaren" auf dunkelblaues Tonpapier.

1. Mind. ¼ l Wasser einfüllen	2. Deckel schließen

3. Ankochen und Kochregler schließen

4. Garen durch Überdruck	5. Abdampfen lassen

6. Dampfdrucktopf öffnen

Tipp: Kopieren Sie die Wortkarten zu der Garmachungsart „Dünsten" auf gelbes Tonpapier.

1. Fett erhitzen, z. B. Öl oder Butter	2. Gargut zugeben

3. Wenig Flüssigkeit aufgießen

4. Deckel schließen, Hitze zurückschalten

Tipp: Kopieren Sie die Wortkarten zu der Garmachungsart „Braten im Ofen" auf dunkelbraunes Tonpapier.

1. Bräter fetten	2. Bratgut 15 min braten

3. Flüssigkeit aufgießen, 1–2 Stunden braten

4. Soße abseihen und abschmecken

Tipp: Kopieren Sie die Wortkarten zu der Garmachungsart „Braten in der Pfanne" auf rotes Tonpapier.

1. Fett erhitzen, z. B. Öl oder Butterschmalz

2. Gargut einlegen	3. Gargut wenden

Tipp: Kopieren Sie die Wortkarten zu der Garmachungsart „Schmoren" auf pinkes Tonpapier.

1. Fett erhitzen, z. B. Öl oder Butterschmalz

2. Gargut zugeben	3. Flüssigkeit aufgießen

4. Im geschlossenen Topf 45–60 min garen

Tipp: Kopieren Sie die Wortkarten zu der Garmachungsart „Braten im Backofen" auf hellbraunes Tonpapier.

1. Backform vorbereiten	2. Backgut herstellen

3. Backgut einschieben	4. Backgut herausnehmen

Fragekärtchen „Garmachungsarten“

Hinweise zur Herstellung der Buchstabenkärtchen:

- Vergrößern Sie die Buchstabenkärtchen und kopieren Sie sie jeweils auf verschieden farbiges Tonpapier.
- Kopieren Sie die Fragekärtchen, schneiden Sie diese aus und laminieren Sie die Kärtchen.

Spielanleitung:

Jeder Schüler erhält drei Kärtchen: A, B, C. Der Lehrer liest ein Fragekärtchen mit der Frage und den drei möglichen Antworten vor. Nun halten die Schüler ihr Kärtchen A, B oder C hoch, je nachdem, welche Antwort sie für richtig halten. Jeder Schüler, der die richtige Lösung gewusst hat, bekommt einen Punkt.
Variante: Für höhere Jahrgangstufen (8. und 9. Jgst.) können die Fragekärtchen auch auf Folie oder als Arbeitsblatt zum Ankreuzen kopiert werden.

Tipp: Kopieren Sie die Kärtchen mit dem Buchstaben A auf rotes Tonpapier.

A	A	A

Tipp: Kopieren Sie die Kärtchen mit dem Buchstaben B auf gelbes Tonpapier.

B	B	B

Tipp: Kopieren Sie die Kärtchen mit dem Buchstaben C auf blaues Tonpapier.

C	C	C

Fragekärtchen zu den Garmachungsarten

Braten in der Pfanne	Braten in der Pfanne	Dünsten
Welche Fleischstücke eignen sich zum Braten in der Pfanne?	*Welches Fett eignet sich zum Braten in der Pfanne?*	*Die Garmachungsart Dünsten ist …*
A Kurzbratstücke, z. B. Schnitzel	A Butter	A schwer verdaulich.
B große Fleischstücke	B Margarine	B gut verdaulich.
C Fleischstücke mit Teigmantel	C Öl	C mittelschwer verdaulich.

Dünsten	Kochen	Kochen
Dünsten ist Garen im eigenem Saft mit … A wenig Fett und viel Flüssigkeit. B wenig Fett und wenig Flüssigkeit. C viel Fett und viel Flüssigkeit.	***Die Garmachungsart Kochen entzieht den Lebensmitteln …*** A Vitamine und Mineralstoffe. B Wärme. C Wasser.	***Wodurch kann man beim Kochen Energie sparen?*** A durch kurze Garzeiten B durch rechtzeitiges Zurückschalten des Herdes C durch Umrühren
Backen im Backofen	**Backen im Backofen**	**Überbacken**
Bei welcher Funktion kann ich beim Backen im Backofen mehrere Bleche gleichzeitig backen und dadurch Energie und Zeit sparen? A bei Unter- und Oberhitze B bei Umluft / Heißluft C bei Oberhitze	***Damit sich Teige nach dem Backen wieder gut lösen, muss man die Form …*** A fetten oder mit Backpapier auslegen. B mit Wasser ausspritzen. C erwärmen.	***Bei welchen Gerichten wähle ich die Garmachungsart Überbacken?*** A Toast, Auflauf B Schnitzel paniert, Steak C Suppe, Eintopf
Grillen	**Schmoren**	**Braten im Ofen**
Das Fleisch soll nach dem Grillen zart und mürbe sein, deshalb sollte ich … A das Fleisch vor dem Grillen marinieren. B das Fleisch möglichst lange grillen. C das Fleisch kräftig würzen.	***Das Fett muss heiß sein, wenn man das Gargut einlegt, damit …*** A es schnell fertig wird. B sich die Poren schnell schließen. C das Fett nicht spritzt.	***Der Braten soll vor dem Aufschneiden kurz ruhen, damit …*** A kein Fleischsaft austritt. B ich mich ausruhen kann. C Vitamine und Mineralstoffe erhalten bleiben.
Frittieren	**Braten im Ofen**	**Druckgaren**
Beim Frittieren wähle ich Fett, das … A gut duftet. B hoch erhitzbar ist. C sehr billig ist.	***Welche Fleischstücke gart man durch Braten im Ofen?*** A Naturschnitzel B große Fleischstücke C Schnitzel paniert	***Bevor ich den Dampfdrucktopf öffne, muss ich ihn …*** A abdampfen lassen. B schütteln. C abwischen.
Druckgaren	**Backen in der Pfanne**	**Druckgaren**
Die Garzeit beim Druckgaren beginnt, wenn … A der Topf geschlossen ist. B der 1. Ring sichtbar ist. C der 2. Ring sichtbar ist.	***Das Fett muss heiß sein, wenn man das Gargut einlegt, damit …*** A das Gargut sich nicht mit Fett vollsaugt. B das Fett nicht spitzt. C es schnell fertig ist.	***Um Pellkartoffeln möglichst schnell zu garen, verwende ich die Garmachungsart …*** A Druckgaren. B Kochen. C Dünsten.

Lösungen zu den Fragekärtchen

Braten in der Pfanne

Welche Fleischstücke eignen sich zum Braten in der Pfanne?

A Kurzbratstücke, z. B. Schnitzel

Braten in der Pfanne

Welches Fett eignet sich zum Braten in der Pfanne?

C Öl

Dünsten

Die Garmachungsart Dünsten ist …

B gut verdaulich.

Dünsten

Dünsten ist Garen im eigenem Saft mit …

B wenig Fett und wenig Flüssigkeit.

Kochen

Die Garmachungsart Kochen entzieht den Lebensmitteln …

A Vitamine und Mineralstoffe.

Kochen

Wodurch kann man beim Kochen Energie sparen?

B durch rechtzeitiges Zurückschalten des Herdes

Backen im Backofen

Bei welcher Funktion kann ich beim Backen im Backofen mehrere Bleche gleichzeitig backen und dadurch Energie und Zeit sparen?

B bei Umluft / Heißluft

Backen im Backofen

Damit sich Teige nach dem Backen wieder gut lösen, muss man die Form …

A fetten oder mit Backpapier auslegen.

Überbacken

Bei welchen Gerichten wähle ich die Garmachungsart Überbacken?

A Toast, Auflauf

Grillen

Das Fleisch soll nach dem Grillen zart und mürbe sein, deshalb sollte ich …

A das Fleisch vor dem Grillen marinieren.

Schmoren

Das Fett muss heiß sein, wenn man das Gargut einlegt, damit …

B sich die Poren schnell schließen.

Braten im Ofen

Der Braten soll vor dem Aufschneiden kurz ruhen, damit …

A kein Fleischsaft austritt.

Frittieren

Beim Frittieren wähle ich Fett, das …

B hoch erhitzbar ist.

Braten im Ofen

Welche Fleischstücke gart man durch Braten im Ofen?

B große Fleischstücke

Druckgaren

Bevor ich den Dampfdrucktopf öffne, muss ich ihn …

A abdampfen lassen.

Druckgaren

Die Garzeit beim Druckgaren beginnt, wenn …

C der 2. Ring sichtbar ist.

Backen in der Pfanne

Das Fett muss heiß sein, wenn man das Gargut einlegt, damit …

A das Gargut sich nicht mit Fett vollsaugt.

Druckgaren

Um Pellkartoffeln möglichst schnell zu garen, verwende ich die Garmachungsart …

A Druckgaren.

3 Arbeitsblätter

Hinweise zum Einsatz der Arbeitsblätter

- Sowohl das Arbeitsblatt zur Verarbeitungstechnik als auch das „Teste dein Wissen!“-Arbeitsblatt können in vielen verschiedenen Phasen des Unterrichts eingesetzt werden, z. B. als Gesamtzusammenfassung, zur Differenzierung oder als Hausaufgabe.
- Die Textbausteine auf den Arbeitsblättern zur Verarbeitungstechnik erleichtern Schülern das selbständige Ausfüllen.
- Die Lösungen für die Wissens-Arbeitsblätter ermöglichen Schüler eine eigenständige Kontrolle.
- Die Aufgabenkarte auf dieser Seite kann zur Gruppen- und Partnerarbeit eingesetzt werden, evtl. in Verbindung mit dem Steckbrief auf Seite 7.

Aufgabenkarte

Medien:
- Gruppenkarte
- Steckbrief

Weißt du Bescheid über die Garmachungsart

______________________________?

1. Definiere die Garmachungsart mithilfe der Gruppenkarte.

____

____

2. Beurteile die Garmachungsart.

____

____

3. Zähle die Arbeitsschritte in der richtigen Reihenfolge auf.

____

____

____

____

4. Welche Garmittel werden verwendet?
   Kreuze die richtigen Antworten an.

☐ kein Fett	☐ wenig Fett	☐ viel Fett
☐ keine Flüssigkeit	☐ wenig Flüssigkeit	☐ viel Flüssigkeit

5. Was musst du beim Garen beachten?

____

____

6. Nenne zwei typische Rezepte für diese Garmachungsart.

____

Name:	Klasse:	Datum:	Fach:	Nr.:

Garverfahren: Kochen
am Beispiel Nudeln

Definition: Kochen ist das Garen in reichlich Flüssigkeit bei ca. 100 °C.

Ergänze die Arbeitsschritte !

Nudeln abseihen	Wasser einfüllen	Nudeln zugeben
Wasser erhitzen	Salz zugeben	Nudeln kochen

Arbeitsschritte:

1. ____________________

2. ____________________

Warmes Wasser verwenden, dies spart Zeit.

Mit geschlossenem Deckel und auf höchster Stufe erhitzen.

3. ____________________

4. ____________________

Gargut in kochendes Wasser geben.

5. ____________________

6. ____________________

Deckel halb auflegen und zurückschalten. Nudeln „al dente“ (bissfest) kochen.

Achtung Verbrennungsgefahr! Nudeln von dir weg abseihen.

Name:	Klasse:	Datum:	Fach:	Nr.:

Teste dein Wissen über das Kochen!

Trage die Lösungsbuchstaben unten in die Kästchen ein, dann erhältst du das Lösungswort!

1. Kochen bedeutet Garen in …

wenig Flüssigkeit.	reichlich Flüssigkeit.	viel Fett.
E	K	I

2. Welche Lebensmittel kocht man?

Nudeln	Pommes frites	Marmorkuchen
O	M	A

3. Wähle die richtige Schaltstufe zum Ankochen von Flüssigkeiten aus!

niedrige Schaltstufe	höchste Schaltstufe	mittlere Schaltstufe
L	C	U

4. Warum ist die Garmachungsart „Kochen" gut bekömmlich?

keine Röststoffe	kurze Garzeit	im Topf gegart
H	K	R

5. Bei welcher Temperatur beginnt Wasser zu kochen?

ca. 150 °C	ca. 50 °C	ca. 100 °C
S	E	T

6. Nenne das englische Wort für „kochen".

cook	eat	bake
O	E	N

7. Wie kann man beim Kochen Energie und Zeit sparen?

Kochzeit halbieren	kleine Töpfe benutzen	beim Ankochen Deckel schließen
T	E	P

Lösungswort:
(Das Lösungswort ist ein Arbeitsmittel zum Kochen.)

1	2	3	4	5	6	7	8
							F

Lösung S. 32

Name:	Klasse:	Datum:	Fach:	Nr.:

Garverfahren: Druckgaren
am Beispiel Pellkartoffeln

Definition: Druckgaren ist das Garen unter Druck mit mindestens ¼ l Flüssigkeit bei Temperaturen von 105–120 °C.

Ergänze die Arbeitsschritte!

Garen | Öffnen | Kochregler schließen | Flüssigkeit zugeben | Abdampfen lassen | Deckel schließen

Arbeitsschritte:	
 1. ____________	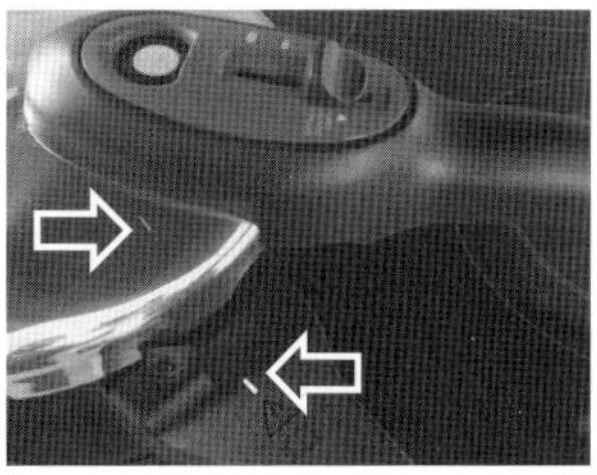 2. ____________
Gargut vorbereiten: Kartoffeln waschen. Mindestens **¼ l Flüssigkeit** zugeben.	Dichtungsring und Ventil prüfen! Auf die Markierung achten!
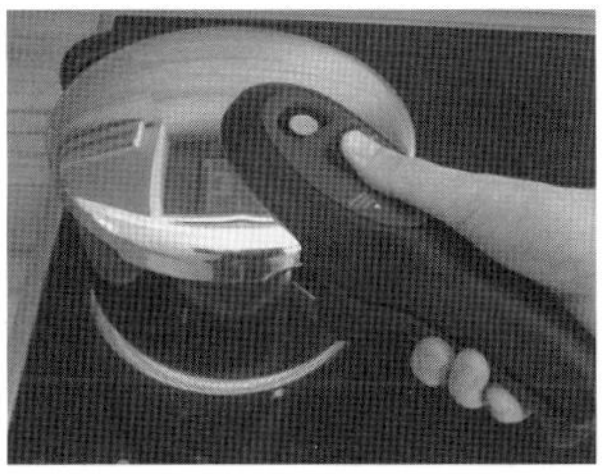 3. Ankochen und ____________	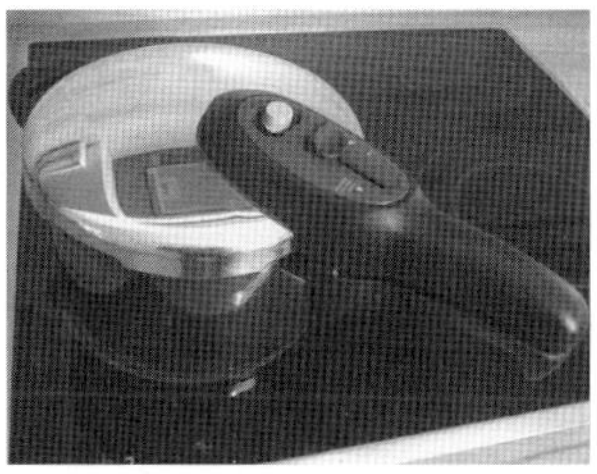 4. ____________ durch Überdruck.
Bei Dampfaustritt Kochregler betätigen.	Die Garzeit beginnt, wenn der zweite Ring sichtbar ist. Auf niedrige Temperatur zurückschalten. **Garzeit** von Kartoffeln: 12–15 min
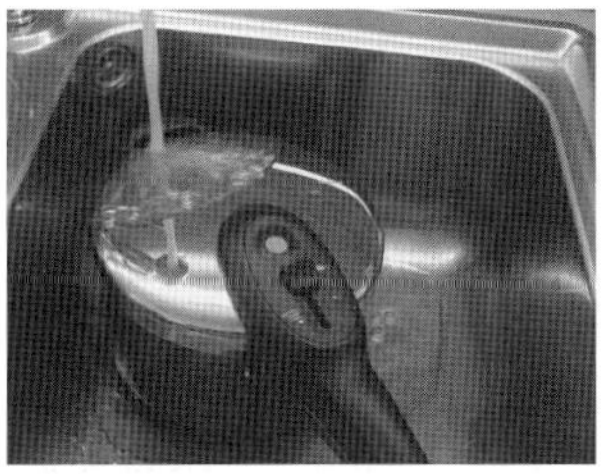 5. ____________	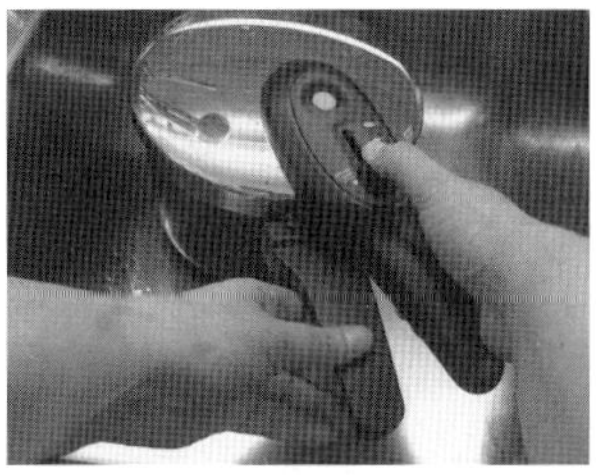 6. ____________
Kaltes Wasser über den Deckel laufen lassen.	Topf nie gewaltsam öffnen.

Name:	Klasse:	Datum:	Fach:	Nr.:

Teste dein Wissen über das Druckgaren!

Lies folgende Fallbeispiele durch und gib Hilfestellung!

A) Herr W. möchte zum Mittagessen Pellkartoffeln mit Quark zubereiten.
Leider hat er nur wenig Zeit für die Zubereitung.
Welche Garmachungsart sollte er wählen? Begründe.

Antwort: ______________________________, da

____

B) Frau A. bereitet zum Abendessen Rindsrouladen im Dampfdrucktopf zu.
Die Rouladen haben eine Garzeit von ca. 20 Minuten.
Wann beginnt die Garzeit?

Antwort: ______________________________

____

C) Herr M. und sein Sohn dämpfen am Wochenende im Dampfdrucktopf Kartoffeln.
Beim Schließen des Deckels haben Sie Probleme. Gib Ihnen einen Tipp!

Antwort: ______________________________

____

D) In der Kindertagesstätte Regenbogen wird ein Mittagessen im Dampfdrucktopf zubereitet. Beim Zugeben der Flüssigkeitsmenge ist sich der Koch nicht ganz sicher.
Wie viel Flüssigkeit muss er mindestens zugeben?

Antwort: ______________________________

____

Lösung S. 32

Name:	Klasse:	Datum:	Fach:	Nr.:

Garmachungsart: Dünsten

Definition: Dünsten ist Garen im eigenen Saft mit wenig Fett und wenig Flüssigkeit bei ca. 100 °C.

 **Ergänze die rechte Spalte!**

Wasser, Gemüsebrühe

Butter nur leicht schmelzen lassen!

Deckel geschlossen halten!

Gemüse, Obst, Fisch, Fleisch, Reis, Kartoffeln

Arbeitsschritte:	**Beachte:**
 **1. Fett erhitzen, z. B. Butter oder Öl**	Wenn Butter zu stark erhitzt wird, entstehen bittere Geschmacksstoffe und krebserregende Röststoffe.  ____________________ ____________________
 **2. Gargut zugeben, kurz andünsten**	Geeignete Lebensmittel zum Dünsten: ____________________ ____________________ ____________________
 **3. Wenig Flüssigkeit aufgießen**	Mögliche Flüssigkeiten zum Aufgießen: ____________________ ____________________
 **4. Topf schließen, auf niedrige Stufe zurückschalten**	Bei geschlossenem Topf dünsten, damit die Flüssigkeit nicht verdampft und Vitamine und Mineralstoffe erhalten bleiben.  ____________________ ____________________

Name:	Klasse:	Datum:	Fach:	Nr.:

Teste dein Wissen über das Dünsten!

Ergänze das Kreuzworträtsel und finde das Lösungswort!
Bedenke, dass „Ü" als „UE" geschrieben wird!

Welche Nährstoffe bleiben beim Dünsten weitgehend erhalten?

V ___ ___ ___ ___ ___ ___ ___ und ___ ___ ___ ___ ___ ___ ___ ___ ___ ___ F F ___

(V 1 2 3 4 5 6 7 und 8 9 10 11 12 13 14 15 16 17 F F 18)

❶ Wie muss der Topfdeckel beim Dünsten sein?

❷ Dünsten ist gut für die schlanke Linie, denn es ist sehr …

❸ Durch den geringen Fettgehalt und die wenigen Röststoffe ist Dünsten sehr ….

❹ Welche Lebensmittel sind für das Dünsten geeignet?

❺ Welche Flüssigkeit ist zum Aufgießen geeignet?

❻ Nenne ein geeignetes Fett.

❶		7							15		
❷		3	14	17		1					4
❸											
❹			8								
❺		13				12					
❻				2							
❼		18	6	5							
❽		11	10	9							
❾			16								

❼ Wie viel Fett benötigt man zum Dünsten?

❽ Wie viel Flüssigkeit benötigt man zum Aufgießen?

❾ Wie ist die Verdaulichkeit von gedünsteten Speisen?

Lösung S. 32

Name:	Klasse:	Datum:	Fach:	Nr.:

Garverfahren: Braten in der Pfanne

Definition: Braten in der Pfanne ist Garen in der Pfanne in heißem Fett bei ca. 120–180 °C.

Ergänze die rechte Spalte!

Verwende immer einen Bratenwender!

Schnitzel aller Art, Geschnetzeltes

Verwende wasserfreie Fette, z. B. Butterschmalz oder Öl!

Temperatur überprüfen, z. B. mit einem Zwiebelstück!

Arbeitsschritte:	**Beachte:**
 **1. Öl in einer Pfanne erhitzen**	Wasserfreies Fett spritzt nicht beim Erhitzen! ______________________ ______________________ Das Fett muss heiß sein, damit sich die Poren schließen. ______________________ ______________________
 **2. Gargut einlegen**	Zum Braten in der Pfanne eignen sich viele Fleischstücke, z. B. ______________________ ______________________ oder auch Gemüse.
 **3. Gargut wenden**	Gargut, vor allem Fleisch, nie anstechen, sonst läuft der Fleischsaft aus und das Gargut wird trocken. ______________________ ______________________

Name:	Klasse:	Datum:	Fach:	Nr.:

Teste dein Wissen über das Braten in der Pfanne!

Ergänze das Kreuzworträtsel!
Bedenke, dass „Ö" als „OE" geschrieben wird!

Waagrecht:

2. Typisches Arbeitsgerät zum Wenden des Garguts.
3. Typisches Fleischstück zum Braten in der Pfanne.
4. Durch das Anbraten des Garguts bilden sich viele schmackhafte …
7. Das Fett muss beim Einlegen des Garguts heiß sein, damit sich die … des Fleisches schließen.
8. Arbeitsschritte: 1. Öl erhitzen
   2. Gargut einlegen
   3. Gargut …

Senkrecht:

1. Verwende nur … Fette, z. B. Öle oder Schmalz. Damit vermeidet man Spritzgefahr!
5. Durch die Zugabe von … ist diese Garmachungsart kalorienreich.
6. Durch die Zugabe von Fett ist diese Garmachungsart … verdaulich.

Lösung S. 33

Name:	Klasse:	Datum:	Fach:	Nr.:

Garmachungsart: Schmoren

Definition: Schmoren ist kräftiges Anbräunen in heißem Fett bei ca. 180 °C, anschließendes Garen mit Flüssigkeit bei ca. 100 °C im geschlossen Topf.

Ergänze die rechte Spalte!

Brühe oder Wasser

Gemüse mit kürzerer Garzeit später zugeben!

Verwende Öl, Schmalz oder Plattenfett!

Ab und zu Flüssigkeit zugeben!

Arbeitsschritte:	Beachte:
 **1. Fett erhitzen**	Das Fett muss heiß sein, damit sich die Poren schließen. Wasserfreies Fett spritzt beim Erhitzen nicht! ______
 **2. Gargut zugeben, kräftig anbraten**	Fleischwürfel zugeben und 10 min kräftig anbraten. ______
 **3. Flüssigkeit aufgießen**	¾ l Flüssigkeit aufgießen, z. B. ______
 **4. Im geschlossenen Topf 45 – 60 min schmoren**	Im geschlossenem Topf dünsten, damit die Flüssigkeit nicht verdampft. Der Topfboden muss immer mit Flüssigkeit bedeckt sein. ______

Name:	Klasse:	Datum:	Fach:	Nr.:

Teste dein Wissen über das Schmoren!

Ergänze das Silbenrätsel!
Tipp: Streiche die verwendeten Silben durch!

Röststoffe | Butterschmalz | hoch | kalorien- | Öl

-gefahr | hoch | verloren | Spritz- | schwer | -reich

1. Welches Fett ist zum Schmoren geeignet?

______________________ oder ______________________

2. Warum muss ich ein wasserfreies Fett zum Anbraten verwenden?

Damit vermeidet man ______________________.

3. Wie erhalte ich einen aromatischen Schmortopf mit kräftigem Geschmack?

Durch kräftiges Anbraten entstehen aromatische ______________.

4. Bewerte die Garmachungsart „Schmoren".

Röststoffbildung: ______________ ⇨ Verdaulichkeit: ______________.

Fettgehalt: ______________ ⇨ darum sehr: ______________.

Vitamine und Mineralstoffe gehen ______________________.

Lösung S. 33

Name:	Klasse:	Datum:	Fach:	Nr.:

Garmachungsart: Braten im Ofen

Definition: Braten im Ofen ist Garen im Backofen in heißer Luft und mit heißem Fett bei ca. 200–220 °C.

Ergänze die rechte Spalte!

Wasser, Brühe

Gefetteten Bräter kurz in den heißen Ofen stellen!

Fleischsaft tritt beim Schneiden nicht aus!

Topflappen verwenden!

Braten öfter begießen!

Arbeitsschritte:	**Beachte:**
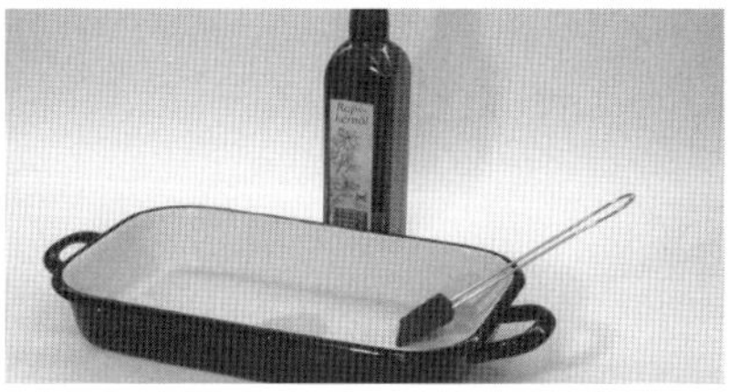 **1. Bräter fetten und erhitzen**	Das Fett muss heiß sein, damit sich die Poren schließen. ______________________ ______________________ ______________________
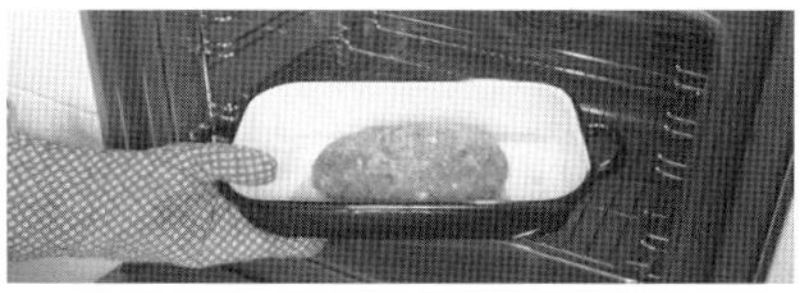 **2. Bratgut 15 min braten**	Vorsicht Verbrennungsgefahr! ! ______________________ ______________________
 **3. Flüssigkeit zugeben, 1–2 Stunden braten**	Mögliche Flüssigkeiten zum Aufgießen: ______________________ Für eine gute Soße und einen saftigen Braten: ______________________
 **4. Soße abseihen und fertigstellen**	Braten 10 min heiß stellen und ruhen lassen. ______________________ ______________________

Name:	Klasse:	Datum:	Fach:	Nr.:

Teste dein Wissen über das Braten im Ofen!

☒ **Kreuze die richtige Antwort an!**

Verbinde die Buchstaben in der Reihenfolge der richtigen Antworten!
Beginne und ende beim grauen Feld Start/Ende!
Tipp: Es kann mehr als eine Antwort richtig sein.

1. Welche Lebensmittel sind zum Braten im Ofen geeignet?
- A Fleischstücke ab ¾ kg Gewicht, große Fische, Geflügel
- B Gemüse, möglichst aus biologischem Anbau
- C Teig, z. B. Biskuit, Hefeteig, Rührteig

2. Warum muss das Fett heiß sein?
- D Damit man sich leicht die Finger verbrennt.
- E Damit sich die Poren schnell schließen und das Fleisch saftig bleibt.
- F Damit das Fleisch nicht braun wird und keine krebserregende Stoffe entstehen.

3. Wie kannst du verhindern, dass ein mageres Fleischstück trocken wird?
- G Das Fleisch vor dem Braten mit Fett begießen oder bestreichen.
- H Das Fleisch während des Bratens öfter mit Flüssigkeit begießen.
- I Den Braten vor dem Servieren 10 min ruhen lassen, damit beim Schneiden kein Fleischsaft austritt.

4. Wie lange kann die Garzeit sein?
- J 45–60 Minuten
- K 1–2 Stunden
- L 3–4 Stunden

5. Bei welcher Temperatur findet das Braten im Ofen statt?
- M 100 °C
- N 200 °C
- O 300 °C

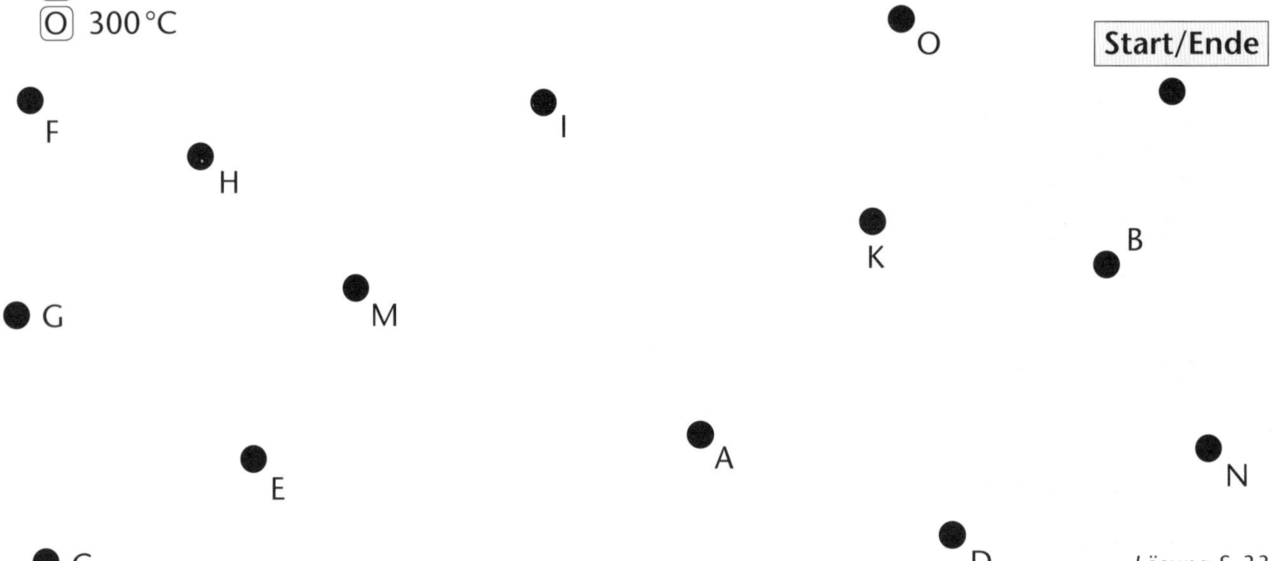

Lösung S. 33

Name:	Klasse:	Datum:	Fach:	Nr.:

Garverfahren: Backen im Backofen

Definition: Backen ist Garen im Backofen in heißer Luft bei 120–250 °C.

Ergänze die Regeln !

Bei Heißluft können mehrere Bleche eingeschoben werden!

Verwende Topflappen!

Formen einfetten oder Backpapier verwenden!

Vermeide das Öffnen des Backofens im ersten Drittel der Backzeit!

Arbeitsschritte:	**Beachte:**
1. Backgut herstellen	z. B. Kuchenteige, Kleingebäck, Pizza, Brötchen
 **2. Backform/Backblech vorbereiten**	Das Backgut bäckt leicht an der Form an und lässt sich dann nur schwer herausnehmen! ______
 **3. Backgut einschieben**	Spare Energie! ______ Die Einschubhöhe richtet sich nach Art des Backguts!
 **4. Backgut backen**	Das Backgut fällt leicht zusammen. ______ Die Angabe der Garzeiten sind nur Richtwerte.
 **5. Backgut herausnehmen**	Vorsicht Verbrennungsgefahr! ______

Name:	Klasse:	Datum:	Fach:	Nr.:

Teste dein Wissen über das Backen im Backofen!

Verbinde die Kästchen, die zusammengehören!

Achtung Verbrennungsgefahr!	Garen im Backofen in heißer Luft und bei 120 – 250 °C
Backen im Backofen	Topflappen verwenden!
Kuchenteige, Pizza, Kleingebäcke, Brötchen	Backform/Backblech einfetten/bemehlen oder Backpapier verwenden
Bildung von Röststoffen	Backgut
Backform/Backblech vorbereiten	weniger gut verdaulich
Heißluft/Umluft	Die Angabe der Backzeit in Rezepten ist nur ein Richtwert.
Garprobe machen, z. B. mit einem Holzstäbchen!	
Ober- und Unterhitze	

Lösung S. 34

Name:	Klasse:	Datum:	Fach:	Nr.:

Garmachungsart: Überbacken

Definition: Überbacken ist ein Bräunen und Verkrusten der Oberfläche durch trockene Hitze bei ca. 200 – 250 °C.

Ergänze die Regeln !

Starke Bräunung ist gesundheitsschädlich!

Form einfetten oder Backpapier verwenden!

Arbeitsschritte:	Beachte:
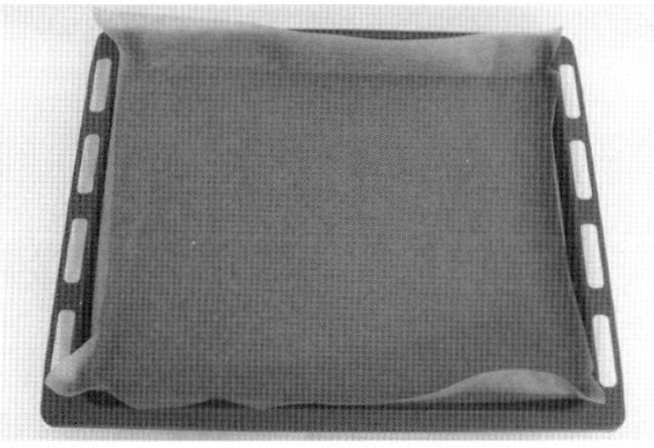 **1. Auflaufform/Blech vorbereiten**	Verkrustete Speisereste lassen sich nur schwer entfernen. ______________________ ______________________
 **2. Gargut überbacken**	Das Gargut ist überbacken, wenn es eine leicht gebräunte Kruste bekommen hat. ______________________ ______________________

Teste dein Wissen über das Überbacken!

Die Buchstaben sind vertauscht. Finde die richtigen Wörter!

1. Was möchte man mit der Garmachungsart Überbacken erreichen?

UGNBÄRUN und KUNGRUSTVER

______________________ und ______________________

2. Welche Speisen eignen sich zum Überbacken?

OTSAT FAUFLUA CHSFI

______________ ______________ ______________

Lösung S. 34

Name:	Klasse:	Datum:	Fach:	Nr.:

Garmachungsart: Grillen im Ofen

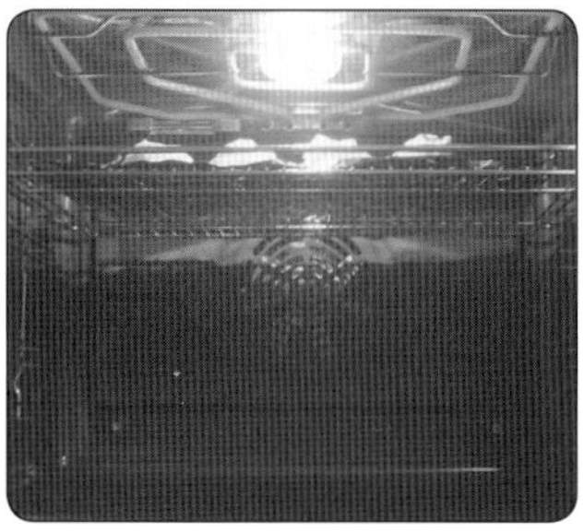

Definition: Grillen im Ofen ist Garen unter Bräunung durch Strahlungswärme bei ca. 300 °C.

Ergänze die rechte Spalte!

Die Heizstäbe müssen glühen! | Pfannenwender/Grillzange verwenden! | Das Fleisch vorher marinieren! | unten | oben

Arbeitsschritte:	Beachte:
 **1. Grillgut vorbereiten**	Das Fleisch soll nach dem Grillen zart und mürbe sein! ______________ ______________
 **2. Grill vorheizen**	Grill 3–5 Minuten vorheizen! ______________ ______________
 **3. Grillgut einschieben**	Wähle je nach Grillgutgröße die richtige Einschubhöhe! Großes Grillgut: ______________ Kleines Grillgut: ______________
 **4. Fertiges Grillgut heraus nehmen**	Großes Grillgut wenden! ______________ ______________

Geeignetes Grillgut:
- Fleisch, Fisch: z. B. Hähnchenschenkel, Fleischspieße, Würstchen, Steaks, Fisch
- Gemüse, Kartoffeln: z. B. Maiskolben, Zwiebeln, Tomaten, Zucchini, Kartoffelscheiben
- Obst: z. B. Bananen

Name:	Klasse:	Datum:	Fach:	Nr.:

Teste dein Wissen über das Grillen!

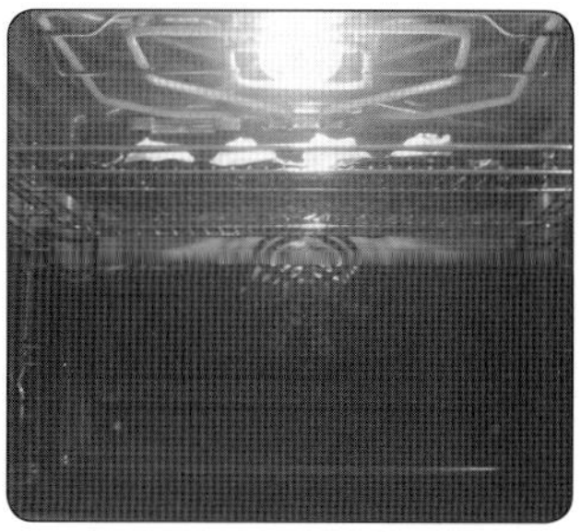

1. Markiere die Lebensmittel, die sich zum Grillen eignen!

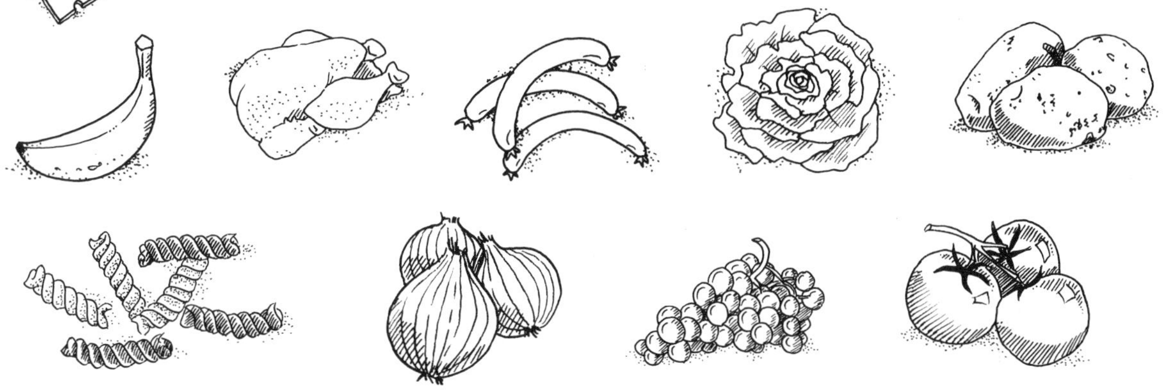

2. Kontrolliere deine markierten Lebensmittel!
Die Lösungen findest du in dem Buchstabensalat.

M	E	R	F	S	C	U	O	P	M	B	Q	E	R	D
A	S	U	T	O	M	A	T	E	A	A	E	H	T	R
I	A	H	N	L	Z	E	R	R	F	N	A	Ä	C	V
S	X	T	Ü	G	B	Ä	T	C	V	A	E	H	D	B
K	A	R	T	O	F	F	E	L	T	N	I	N	E	H
O	D	E	R	Z	U	I	U	I	R	E	B	C	A	Z
L	I	O	X	N	M	S	I	O	E	T	V	H	O	S
B	A	R	Z	U	I	C	E	P	S	U	O	E	C	A
W	Ü	R	S	T	C	H	E	N	P	I	I	N	D	K
N	G	H	R	E	L	U	A	S	L	P	U	A	F	L
A	S	P	D	F	Z	W	I	E	B	E	L	S	U	E

Lösung S. 35

Name:	Klasse:	Datum:	Fach:	Nr.:

Garmachungsart: Frittieren

Definition: Frittieren ist Garen im schwimmenden, heißen Fett bei 160 – 220 °C.

Ergänze die rechte Spalte!

Kartoffeln, Gebäck, Fisch, Fleisch, Gemüse

Speiseöl oder Plattenfett

… wenn das Kontroll-Lämpchen leuchtet.

Überschüssiges Fett mit Krepppapier entfernen!

Arbeitsschritte:	**Beachte:**
 **1. Fett erhitzen**	Verwende wasserfreies Fett, das den hohen Temperaturen standhält. Dafür eignen sich: ____________________ ____________________
 **2. Frittiergut zugeben**	Die Friteuse hat die richtige Temperatur erreicht, … ____________________ ____________________
 **3. Frittiergut frittieren**	Zum Frittieren eignen sich: ____________________ ____________________ Pommes frites müssen 2× frittiert werden mit einer kurzen Abkühlungsphase dazwischen.
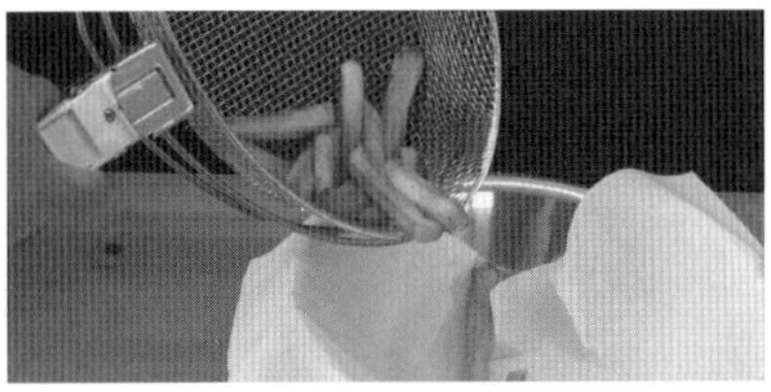 **4. Überschüssiges Fett entfernen**	Frittierte Speisen sind sehr fetthaltig! ____________________ ____________________

Name:	Klasse:	Datum:	Fach:	Nr.:

Teste dein Wissen über das Frittieren!

Bist du ein Frittierexperte? Kreuze die richtige Antwort an!
Für jede richtige Antwort gibt es drei Punkte!

1. Welche Fettmenge benötigt man zum Frittieren? **Punkte**

A	B	C	Punkte
viel Fett	kein Fett	wenig Fett	

2. Welches Fett verwendest du beim Frittieren?

A	B	C	Punkte
Butter	Margarine	Speiseöl	

3. Frittierte Speisen enthalten viele Röststoffe, deshalb sind sie …

A	B	C	Punkte
schwer verdaulich.	leicht verdaulich.	sehr gesund.	

4. Wie löschst du brennendes Fett?

A	B	C	Punkte
mit Wasser	mit einem Deckel	mit einem Spüllappen	

5. Warum solltest du frittierte Speisen nur ab und zu essen?

A	B	C	Punkte
Sie sind sehr kalorien-arm.	Sie sind sehr sättigend.	Sie sind sehr fettreich.	

Punkte:

Auswertungstabelle:

Punkte:	**Auswertung:**
0–3	Übung macht den Meister! Hol dir beim Frittieren noch Unterstützung dazu!
6–9	Verwende beim Frittieren das Arbeitsblatt, dann kann nichts schief gehen.
12–15	Klopf dir auf die Schulter, denn du bist ein Frittierexperte!

Lösung S. 35

Lösungen zu den Arbeitsblättern

Teste dein Wissen über das Kochen!

Lösungswort:
(Das Lösungswort ist ein Arbeitsmittel zum Kochen.)

1	2	3	4	5	6	7	8
K	**O**	**C**	**H**	**T**	**O**	**P**	**F**

Teste dein Wissen über das Druckgaren!

Lösungen:

A) Herr W. sollte die Garmachungsart Druckgaren wählen, weil sie sehr schnell ist.
B) Die Garzeit beginnt, wenn der zweite Ring sichtbar ist.
C) Beim Schließen des Deckels muss man den Dichtungsring und das Ventil prüfen und auf die Markierung achten.
D) Er muss mindestens ¼ l Flüssigkeit zugeben.

Teste dein Wissen über das Dünsten!

Welche Nährstoffe bleiben beim Dünsten weitgehend erhalten?

Lösungen:

V	**I**	**T**	**A**	**M**	**I**	**N**	**E**	und	**M**	**I**	**N**	**E**	**R**	**A**	**L**	**S**	**T**	**O**	F	F	**E**
	1	2	3	4	5	6	7		8	9	10	11	12	13	14	15	16	17			18

❶	G	E (7)	S	C	H	L	O	S	S (15)	E	N
❷	K	A (3)	L (14)	O (17)	R	I (1)	E	N	A	R	M (4)
❸	S	C	H	O	N	E	N	D			
❹	G	E	M (8)	U	E	S	E				
❺	W	A (13)	S	S	E	R (12)					
❻	B	U	T	T (2)	E	R					
❼	W	E (18)	N (6)	I (5)	G						
❽	W	E (11)	N (10)	I (9)	G						
❾	G	U	T (16)								

Teste dein Wissen über das Braten in der Pfanne!

Lösungen:

				1.										
				W										
	2.	B	R	A	T	E	N	W	E	N	D	E	R	
				S										
			3.	S	C	H	N	I	T	Z	E	L		5.
				E			6.							F
			4.	R	O	E	S	T	S	T	O	F	F	E
				F			C							T
				R			H							T
				E		8.	W	E	N	D	E	N		
				I			E							
7.	P	O	R	E	N		R							

Teste dein Wissen über das Schmoren!

Lösungen:

1. **Butterschmalz** oder **Öl**
2. **Spritzgefahr**
3. **Röststoffe**
4. Röststoffbildung: **hoch** ⇨ Verdaulichkeit: **schwer**.
   Fettgehalt: **hoch** ⇨ darum sehr **kalorienreich**.
   Vitamine und Mineralstoffe gehen **verloren**.

Teste dein Wissen über das Braten im Ofen!

Lösungen: 1A, 2E, 3G, H und I, 4K, 5N

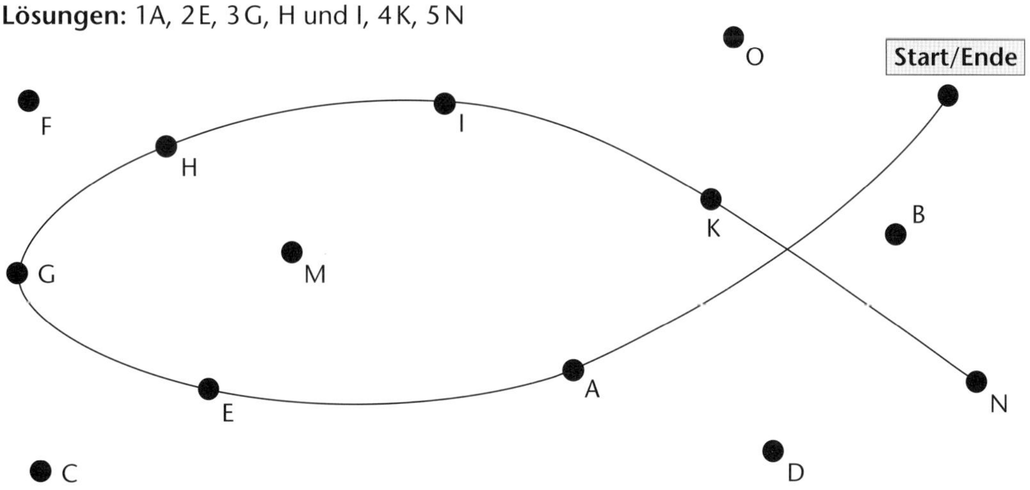

Teste dein Wissen über das Backen im Backofen!

Lösung:

Achtung Verbrennungsgefahr!	Garen im Backofen in heißer Luft und bei 120–250 °C
Backen im Backofen	Topflappen verwenden!
Kuchenteige, Pizza, Kleingebäcke, Brötchen	Backform/Backblech einfetten/bemehlen oder Backpapier verwenden
Bildung von Röststoffen	Backgut
Backform/Backblech vorbereiten	weniger gut verdaulich
Heißluft/Umluft	Die Angabe der Backzeit in Rezepten ist nur ein Richtwert.
Garprobe machen, z. B. mit einem Holzstäbchen!	
Ober- und Unterhitze	

Teste dein Wissen über das Überbacken!

Lösungen:

1. Was möchte man mit der Garmachungsart Überbacken erreichen?

BRÄUNUNG und **VERKRUSTUNG**

2. Welche Speisen eignen sich zum Überbacken?

TOAST **AUFLAUF** **FISCH**

Teste dein Wissen über das Grillen im Ofen!

Lösungen:

M	E	R	F	S	C	U	O	P	M	B	Q	E	R	D
A	S	U	T	O	M	A	T	E	A	A	E	H	T	R
I	A	H	N	L	Z	E	R	R	F	N	A	Ä	C	V
S	X	T	Ü	G	B	Ä	T	C	V	A	E	H	D	B
K	A	R	T	O	F	F	E	L	T	N	I	N	E	H
O	D	E	R	Z	U	I	U	I	R	E	B	C	A	Z
L	I	O	X	N	M	S	I	O	E	T	V	H	O	S
B	A	R	Z	U	I	C	E	P	S	U	O	E	C	A
W	Ü	R	S	T	C	H	E	N	P	I	I	N	D	K
N	G	H	R	E	L	U	A	S	L	P	U	A	F	L
A	S	P	D	F	Z	W	I	E	B	E	L	S	U	E

Teste dein Wissen über das Frittieren!

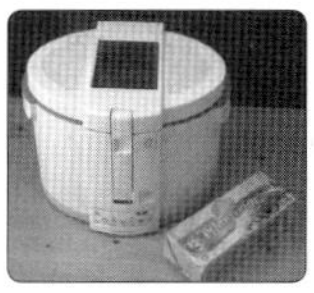

Lösungen:
1a, 2c, 3a, 4b, 5c

4 Rezepte

Hinweise zum Einsatz der Rezepte

Wir haben Rezepte mit unterschiedlichem Schwierigkeitsgrad bzw. Arbeitsumfang zusammengestellt. Somit sind Rezepte für alle unterschiedlichen Schultypen und Jahrgangsstufen vorhanden.

Zu jeder Garmachungsart gibt es 1–2 Rezepte. Die Arbeitsschritte der Garmachungsart sind bei jedem Rezept unten als Streifen eingefügt. Diese Phasenbilder können Sie als Arbeitsanweisung für die Schülerpraxis verwenden. Dies ist bei der wiederholten Umsetzung eines Rezepts besonders sinnvoll, da die Fotos den Schülern selbsttätiges Arbeiten ermöglichen.

Verwendete Abkürzungen

B.	Becher
Bd.	Bund
D.	Dose
EL	Esslöffel
gem.	gemischt
ger.	gerieben
LM	Lebensmittel
Msp.	Messerspitze
Päck.	Päckchen
Pr.	Prise
Sch.	Scheibe
St.	Stück
TL	Teelöffel

Beispiel Fotostreifen

Braten in der Pfanne

1. Öl erhitzen

2. Geschnetzeltes einlegen

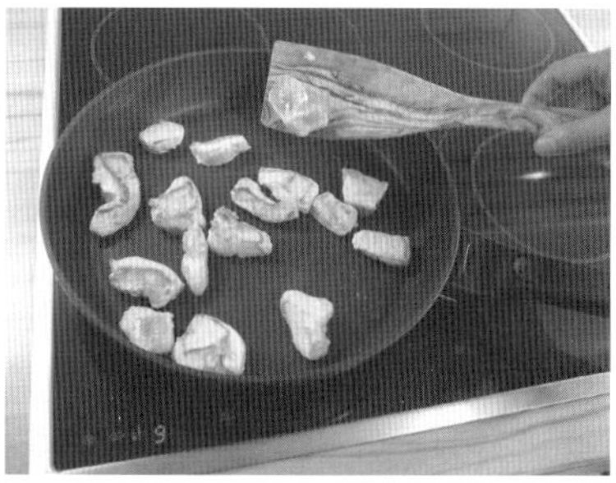

3. Geschnetzeltes wenden

Name:	Klasse:	Datum:	Fach:	Nr.:

Wir garen Rindsrouladen im Dampfdrucktopf

Rindsrouladen

Menge	Zutaten	Zubereitung
4	Rindsrouladen Salz, Pfeffer Senf	1. Rouladen waschen und trocken tupfen 2. Rouladen beidseitig würzen 3. Rouladen auf einer Seite mit Senf bestreichen
4 Sch. 4	Putenschinken Karotten oder Essiggurken	4. Rouladen mit Schinken belegen 5. Essiggurken bzw. gewaschene und geschälte Karotten auf die Rouladen legen 6. Rouladen fest zusammenrollen und die Enden zusammenstecken
1 etwas 2 EL	Zwiebel Wurzelwerk Öl	7. Zwiebel schälen und in Würfel scheiden 8. Wurzelwerk waschen und klein schneiden 9. Öl erhitzen und die Rouladen von allen Seiten scharf anbraten 10. Zwiebeln und Wurzelwerk zugeben und kurz anbraten
¼ l	Brühe	11. Mit Brühe aufgießen und Deckel schließen **Garzeit:** ca. 20 min
etwas	Sahne Tomatenmark Gewürze	12. Rouladen aus dem Topf nehmen und warmstellen 13. Soße durch ein Sieb streichen und mit Sahne, Tomatenmark und Gewürzen abschmecken

Druckgaren

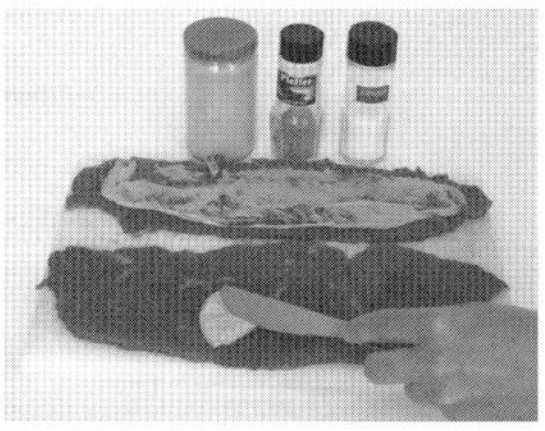

1. Rouladen würzen und mit Senf bestreichen

2. Rouladen füllen und zusammenstecken

3. Rouladen anbraten

4. Mind. ¼ l Flüssigkeit zugeben

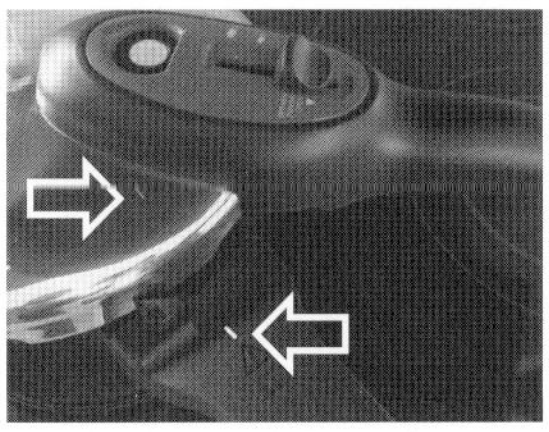

5. Deckel schließen

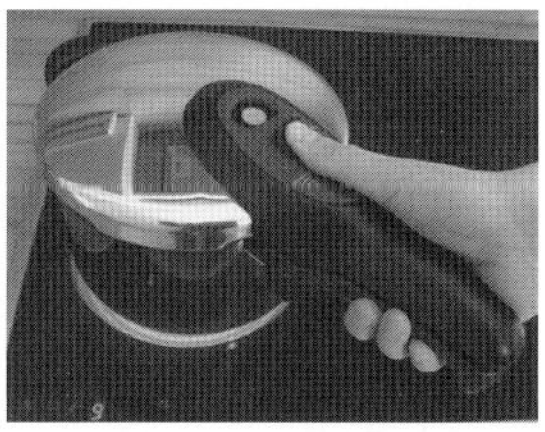

6. Ankochen und Kochregler schließen

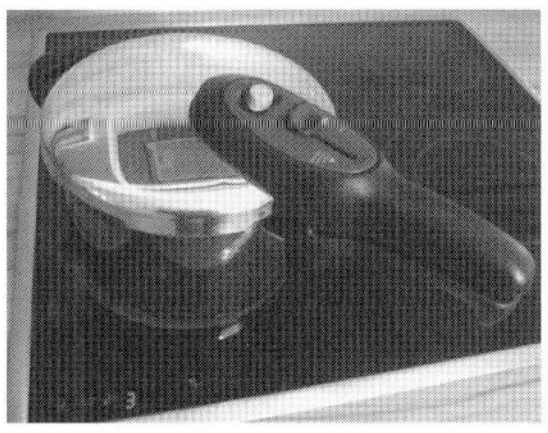

7. Garen durch Überdruck

8. Abkühlen oder Abdampfen lassen

9. Dampfdrucktopf öffnen

Name:	Klasse:	Datum:	Fach:	Nr.:

Wir garen Kartoffeln im Dampfdrucktopf

Kartoffel-Zucchini-Gratin

Menge	Zutaten	Zubereitung
800 g	Kartoffeln	1. Kartoffeln waschen und als Pellkartoffeln (mit Schale) im Darmpfdrucktopf garen **Garzeit:** ca. 10 min 2. Kartoffeln abkühlen lassen, pellen und in Scheiben schneiden
2	Zucchini	3. Zucchini waschen und in Scheiben schneiden 4. Kartoffeln und Zucchini schuppenartig in die gefettete Auflaufform schichten
200 g 200 g 200 ml 100 g 2 2 EL	Quark Joghurt Brühe Käse (ger.) Eier Milch Kräuter Salz, Pfeffer, Muskat	5. Aus Quark, Joghurt, Brühe, Käse, Eiern, Milch, Kräutern und Gewürzen eine sämige, kräftig gewürzte Masse herstellen 6. Quarkmasse auf die Kartoffeln geben 7. Gratin im Ofen backen **Garzeit:** 200 °C ca. 20 min

Druckgaren

1. Mind. ¼ l Flüssigkeit zugeben

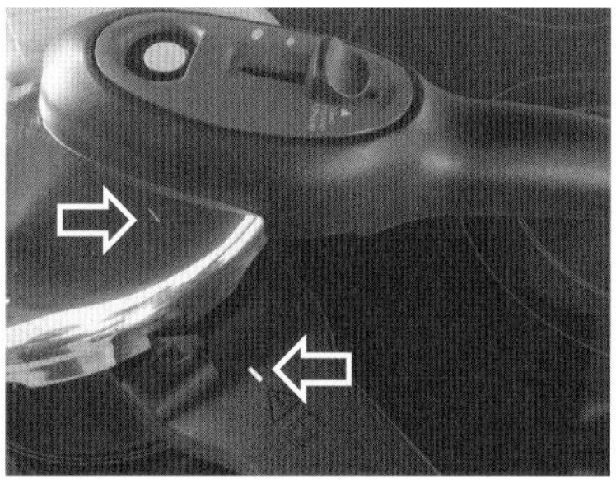

2. Deckel schließen

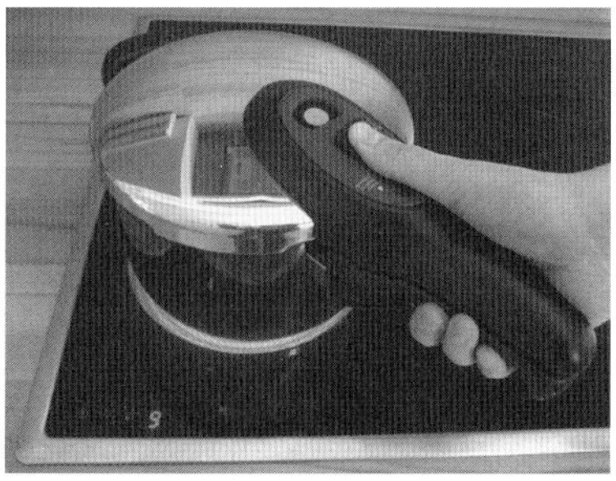

3. Ankochen und Kochregler schließen

4. Garen durch Überdruck

5. Abkühlen oder Abdampfen lassen

6. Dampfdrucktopf öffnen

Name:	Klasse:	Datum:	Fach:	Nr.:

Wir braten Geschnetzeltes in der Pfanne

Geschnetzeltes „Pfirsich Melba“

Menge	Zutaten	Zubereitung
200 g	Putenschnitzel	1. Putenschnitzel waschen, trocken tupfen und in feine Streifen schneiden (= Geschnetzeltes)
2 EL	Öl	2. Öl erhitzen und die Putenstreifen anbraten **Tipp:** • Überprüfe mit einem Zwiebelstück, ob das Öl heiß genug ist. Wenn Blasen aufsteigen, Fleisch zugeben. • Brate das Fleisch kräftig an, bis sich das Fleisch leicht bräunt. Es entstehen Röststoffe, die für einen aromatischen Geschmack verantwortlich sind.
2 5 EL 10 EL	Zwiebeln Wasser Sojasoße	3. Zwiebeln schälen und in Halbringe schneiden, zugeben 4. Wasser und Sojasoße zugeben **Garzeit:** 10 min
2	Pfirsichhälften (D.)	5. Pfirsiche in Würfel schneiden, zum Fleisch geben
100 ml	Sahne	6. Sahne aufgießen
etwas	Salz, Pfeffer Brühe	7. Geschnetzeltes mit Salz, Pfeffer und Brühe würzen

Braten in der Pfanne

1. Öl erhitzen

2. Geschnetzeltes einlegen

3. Geschnetzeltes wenden

Tipp: Als Beilage eigenen sich Nudeln oder Reis.

Kochen

1. Reichlich Wasser einfüllen

2. Wasser erhitzen

3. Gargut zugeben

4. Gargut kochen

Name:	Klasse:	Datum:	Fach:	Nr.:

Wir braten und dünsten

Schnitzel mit leichter Kräutersahnesoße

Menge	Zutaten	Zubereitung
3	Putenschnitzel Salz, Pfeffer	1. Putenschnitzel waschen, trocken tupfen und auf beiden Seiten mit Salz und Pfeffer würzen
2 EL	Öl	2. Öl erhitzen und die Schnitzel von beiden Seiten gut anbraten → Röststoffbildung
		3. Schnitzel herausnehmen und die Soße herstellen
⅛ l 100 ml	Brühe Sahne	4. Brühe und Sahne aufgießen, kurz aufkochen lassen
	Salz, Pfeffer frische Kräuter	5. Soße mit Salz, Pfeffer und frischen Kräutern abschmecken

Braten in der Pfanne

1. Öl erhitzen

2. Schnitzel einlegen

3. Schnitzel wenden

Gedünstetes Karottengemüse

Menge	Zutaten	Zubereitung
5	Karotten	1. Karotten waschen, schälen und in dünne Scheiben schneiden
1	Zwiebel	2. Zwiebel schälen und in feine Würfel schneiden
1–2 EL	Öl oder Butter	3. Fett erhitzen, Zwiebeln und Karotten andünsten
⅛ l	Brühe	4. Brühe aufgießen und 10 min weiterdünsten
etwas	Zucker, Salz, Pfeffer	5. Karotten mit Zucker, Salz, Pfeffer und Brühe abschmecken
	frische Kräuter	6. Karotten mit frischen Kräutern garnieren

Dünsten

1. Fett erhitzen

2. Gargut zugeben und kurz andünsten

3. Wenig Flüssigkeit aufgießen

4. Topf schließen, Hitze zurückschalten

Name:	Klasse:	Datum:	Fach:	Nr.:

Wir schmoren einen Schmortopf

Schmorfleisch mit Variationen

Menge	Zutaten	Zubereitung
500 g	Fleisch z. B. Rindfleisch, Schweinenacken usw.	1. Fleisch waschen, trocken tupfen und in mundgerechte Stücke schneiden
evtl. 50 g	Speck	2. Evtl. Speck fein würfeln
50 g	Fett	3. Fett erhitzen, Fleisch kräftig 10 min anbraten
2–3	Zwiebeln	4. Zwiebeln in Halbringe schneiden, zugeben
	Geschmackszutaten	
2 EL	Rotweinessig	5. Geschmackszutaten nach Wahl zugeben
1	Lorbeerblatt	
2 EL	Tomatenmark	
2 Pr.	Salz, Pfeffer, Thymian, Majoran	
¾ l	Flüssigkeit z. B. Wasser, Brühe	6. Flüssigkeit aufgießen
		7. Deckel schließen und Hitze zurückschalten
		Garzeit: 45–60 min
	Nach Wahl	
3	Karotten	8. Gemüse oder Kartoffeln waschen, evtl. schälen und zerkleinern, je nach Garzeit zum Schmortopf zugeben
1	Lauch	
¼	Sellerie	
1 Schale	Champignons	9. Ab und zu Flüssigkeit nachgießen, der Topfboden muss immer mit Flüssigkeit bedeckt sein
500 g	Kartoffeln	
	Petersilie	10. Abschmecken und mit frischen Kräutern garnieren

Schmoren

1. Fett erhitzen

2. Gargut zugeben

3. Mit Flüssigkeit aufgießen

4. Im geschlossenen Topf garen

Name:	Klasse:	Datum:	Fach:	Nr.:

Wir braten im Ofen

Hackbraten in Variationen

Menge	Zutaten	Zubereitung
	Fleischteig	Fleischteig herstellen
1	Zwiebel	1. Zwiebel in feine Würfel schneiden
2–3 Stängel	Petersilie	2. Petersilie waschen, zupfen und fein wiegen
1 EL	Öl	3. Öl erhitzen, Zwiebel und Petersilie kurz andünsten
1	altes Brötchen	
etwas	Wasser zum Einweichen	4. Brötchen in Wasser einweichen und gut ausdrücken
250 g	Hackfleisch	5. Hackfleisch, zerkleinerten Brötchen, Ei, angedünstete Zwiebeln und Petersilie mischen und Fleischteig würzen und sehr gut abarbeiten
1	Ei	
Pr.	Salz, Pfeffer	
	Majoran	
		6. Laib mit nassen Händen formen
	Bratzutaten	Hackbraten braten
40 g	Fett	7. Bratraine fetten und im vorgeheizten Backofen erhitzen
1	Zwiebel	
	Wurzelwerk (z. B. Karotte, Lauch, Sellerie, usw.)	8. Zwiebel und Wurzelwerk grob zerkleinern 9. Hackbraten in Bratraine legen, mit heißem Fett bepinseln 10. Wurzelwerk seitlich zugeben und Braten im Ofen braten
		Garzeit: 15 min, 220 °C
ca. ¼ l	Brühe	11. Brühe aufgießen **Tipp:** Braten ab und zu mit Bratflüssigkeit bestreichen
		Garzeit: 45–60 min
	Soße	Soße herstellen
1–2 EL	Tomatenmark	12. Braten aus dem Bräter nehmen und warm stellen
½ B.	Sahne	
2 Pr.	Salz, Paprika	13. Soße abseihen, mit Tomatenmark und Rahm verfeinern, abschmecken
1 Pr.	Pfeffer	

Braten im Ofen

1. Bräter fetten

2. Bratgut 15 min braten

3. Flüssigkeit aufgießen
Garzeit: 1 Stunde

4. Soße abseihen und abschmecken

Variationen:
- Gefüllter Hackbraten: Fleischteig mit 2–3 gekochten Eiern füllen
- Griechischer Hackbraten: 200 g Schafskäse und 1 Paprika würfeln, zum Teig geben

Beilagen: Kartoffelbrei, Salzkartoffeln, Gemüse nach Wahl, frische Salate

Name:	Klasse:	Datum:	Fach:	Nr.:

Wir backen einen Apfelkuchen mit Gitter

Apfelkuchen mit Gitter

Menge	Zutaten	Zubereitung
	Mürbeteig	
400 g 200 g 100 g 1	Mehl Butter Zucker Ei	1. Aus Mehl, Butter, Zucker und Ei einen gehackten Mürbteig herstellen und kühlen
	Fett	2. Springform ausfetten
5 2 EL	Äpfel Zitronensaft	3. Äpfel waschen, schälen, in gleichmäßige dünne Spalten schneiden und mit Zitronensaft beträufeln
3 EL etwas	Nüsse (gem.) Zucker Zimt	4. Nüsse, Zucker und Zimt zu den Äpfeln geben
		5. ¾ des Teiges ausrollen und die Springform damit auskleiden
evtl. 1 EL	Rosinen	6. Äpfel auf dem Teig verteilen (Evtl. nach Belieben 1 EL Rosinen daraufgeben)
		7. Den restlichen Teig auf dem Backbrett ausrollen, 1 cm dicke Streifen schneiden und auf den Äpfeln ein Gitter auflegen
1	Ei	8. Das Gitter mit Eigelb bestreichen
		9. Kuchen backen **Garzeit:** 200 °C ca. 40 min

Backen im Backofen

1. Springform fetten

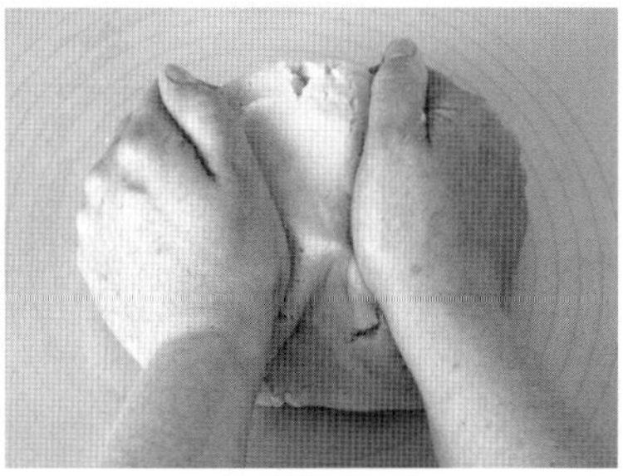

2. Teig herstellen und kühlen

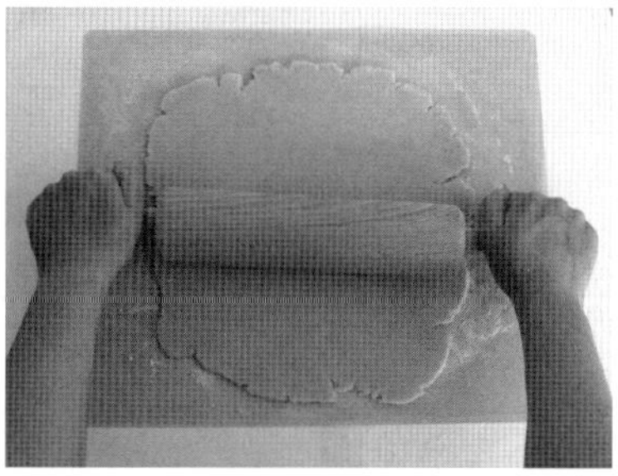

3. Teig ausrollen

4. Apfelkuchen herstellen

5. Einschieben und backen

6. Auskühlen lassen

Name:	Klasse:	Datum:	Fach:	Nr.:

Wir backen Pizza

Pizza in Variationen

Menge	Zutaten	Zubereitung
	<u>Pizzateig</u>	
375 g	Mehl	1. Aus Mehl, Salz, Trockenhefe, Öl und Wasser einen schnellen Hefeteig herstellen
1 Pr.	Salz	
¾ Päck.	Trockenhefe	
6 EL	Öl	
¼ l	Wasser	
		2. Backblech mit Backpapier auslegen und den Teig darauf ausrollen
	<u>Grundsoße</u>	3. <u>Grundsoße herstellen</u>
1	Zwiebel	Zwiebel in Würfel schneiden und andünsten
1 D.	Tomaten	Tomaten zugeben und kurz aufkochen lassen und mit Salz, Pfeffer und Pizzagewürz würzen
	Salz, Pfeffer	
	Pizzagewürz	
		4. Grundsoße auf den Teig geben
	<u>Belag</u>	
	Siehe unten	5. Belag vorbereiten und auf der Pizza verteilen
200 g	Käse (gerieben)	6. Pizza mit Käse bestreuen
		7. Pizza backen
		Garzeit: ca. 30 min bei 200 °C 

Variationen

Belag: **Hawai**	Belag: **Hackfleisch**	Belag: **Schinken-Salami**
150 g Schinken	250 g Hackfleisch	100 g Schinken
1 Paprikaschote	1 Pr. Salz, Pfeffer	100 g Salami
1 D. Ananas	10 schwarze Oliven	
	¼ l Sahne	
	(Hackfleisch mit Salz und Pfeffer würzen, Sahne und Käse mischen)	

Backen im Backofen

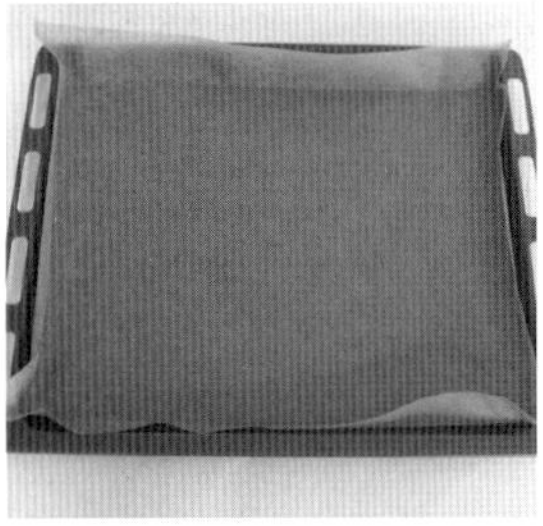

1. Backblech mit Backpapier auslegen

2. Pizza vorbereiten

3. Pizza einschieben

4. Pizza backen

Name:	Klasse:	Datum:	Fach:	Nr.:

Wir überbacken im Ofen

Flammkuchen-Toast

Menge	Zutaten	Zubereitung
	Backpapier	1. Backblech mit Backpapier auslegen
6–8 Sch.	Toastbrot	2. Toastbrote im Toaster leicht toasten
	Belag	
1	kleine Zwiebel	3. Zwiebel schälen, halbieren und in Halbringe schneiden
100 g	Putenschinken	4. Putenschinken in Würfel schneiden
200 g	Sauerrahm	
50 g	geriebener Käse	5. Sauerrahm, geriebenen Käse, Zwiebelhalbringe und Putenschinkenwürfel in einer Schüssel gut vermischen
2 Pr.	Salz	
3 Pr.	Pfeffer	6. Flammkuchenmasse mit Salz und Pfeffer würzen
		7. Masse auf die Toastbrotscheiben verteilen
50 g	geriebenen Käse	8. Flammkuchentoast mit Käse bestreuen
		9. Flammkuchen-Toast im Backofen überbacken
		Garzeit: ca. 15 min bei 220 °C Ober- und Unterhitze

Überbacken

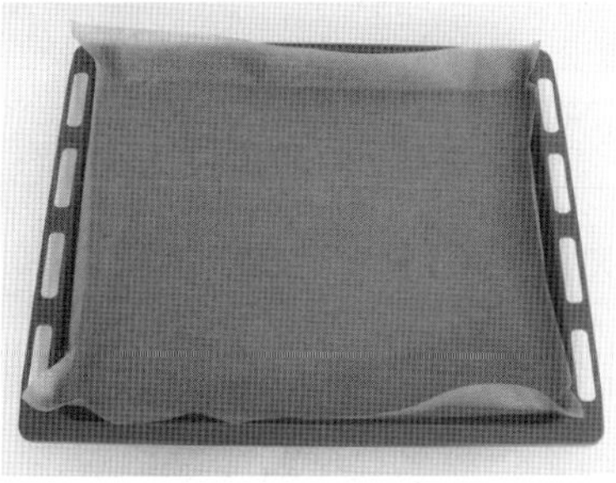

1. Auflaufform/Blech vorbereiten

2. Gargut einschieben

3. Gargut überbacken

Name:	Klasse:	Datum:	Fach:	Nr.:

Wir grillen im Ofen

Gegrillte Schaschlikspieße

Menge	Zutaten	Zubereitung
	Alufolie	
1 EL	Öl	1. Grillrost mit Alufolie abdecken und mit Öl einpinseln
300 g	Lamm- oder Putenfleisch	2. Fleisch waschen und trocken tupfen 3. Fleisch in 2 cm große Stücke schneiden
2	Zwiebeln	4. Zwiebeln schälen, vierteln und die Zwiebelschichten auseinanderziehen
2	Paprika	5. Paprika waschen, halbieren, putzen und in 2 cm große Stücke schneiden
	Würzmarinade	
1	Zwiebel	6. Zwiebel schälen und fein reiben
1	Knoblauchzehe	7. Knoblauch schälen und pressen
½	Zitrone	8. Zitrone auspressen
4 EL	Öl	9. Geriebene Zwiebel, gepressten Knoblauch, Zitronensaft, Öl, Pfeffer, Oregano, Tomatenketchup und Senf zu einer Marinade verrühren
	Pfeffer	
	Oregano	
1 TL	Tomatenketchup	
1 TL	scharfer Senf	
		10. Fleischstücke mit der Marinade marinieren und im Kühlschrank kurz durchziehen lassen
		11. Spieße mit Fleisch, Zwiebeln und Paprika stecken
2–3 EL	Öl	12. Spieße auf den Rost legen und grillen **Grillzeit:** pro Seite ca. 10–12 min grillen

Grillen im Ofen

1. Grillgut vorbereiten

2. Grill vorheizen

3. Grillgut einschieben

4. Grillen

Name:	Klasse:	Datum:	Fach:	Nr.:

Wir kochen Gemüse und Nudeln

Gekochtes Gemüse

Menge	Zutaten	Zubereitung
500 g	Gemüse, z. B. Brokkoli, Blumenkohl, Spargel, Rosenkohl, Bohnen usw.	1. Gemüse waschen und putzen 2. Wasser erhitzen 3. Salz zugeben 4. Gemüse zugeben **Garzeit:** je nach Gemüseart/Gemüsegröße 5–15 min 5. Gemüse abseihen
etwas je 1 Pr.	Butter Salz, Pfeffer Kräuter	6. Evtl. in etwas Butter schwenken, würzen 7. Mit Kräutern bestreuen

Nudeln

Menge	Zutaten	Zubereitung
reichlich	Wasser	1. Reichlich Wasser im geschlossenen Topf zum Kochen bringen
1 TL	Salz	2. Salz und Nudeln zugeben
250 g	Nudeln	3. Deckel halb auflegen, auf niedrige Stufe zurückschalten **Garzeit:** 10 min 4. Nudeln abseihen, evtl. mit kaltem Wasser abschrecken

Kochen

1. Reichlich Wasser einfüllen

2. Wasser erhitzen

3. Gargut zugeben

4. Gargut kochen

Name:	Klasse:	Datum:	Fach:	Nr.:

Wir frittieren Pommes frites

Selbstgemachte Pommes in der Friteuse

Menge	Zutaten	Zubereitung
	Fett zum Frittieren	1. Fett in der Friteuse auf 190° Grad erhitzen
	Krepppapier	2. Schüssel mit Krepppapier auslegen
3–4	Kartoffeln (mehligkochend) Krepppapier	3. Kartoffeln waschen, schälen und in Scheiben schneiden 4. Kartoffelscheiben in Stifte schneiden (typische Pommesform) 5. Kartoffelstifte sehr gut mit Krepppapier abtrocknen
		6. Kartoffelstifte in kleinen Portionen je ca. 8 min frittieren (2 Frittiervorgänge)
		7. Pommes herausnehmen und 1–2 min abkühlen lassen
		8. Pommes bis zur gewünschten goldgelben Farben noch einmal frittieren
		9. Pommes im Drahtkorb gut abtropfen lassen, dabei den Drahtkorb leicht schütteln
		10. Fertige Pommes in die Schüssel mit Krepppapier geben und leicht durchschütteln
	Salz evtl. Paprikapulver	11. Pommes mit Salz und evtl. Paprikapulver würzen

Frittieren

1. Fett erhitzen

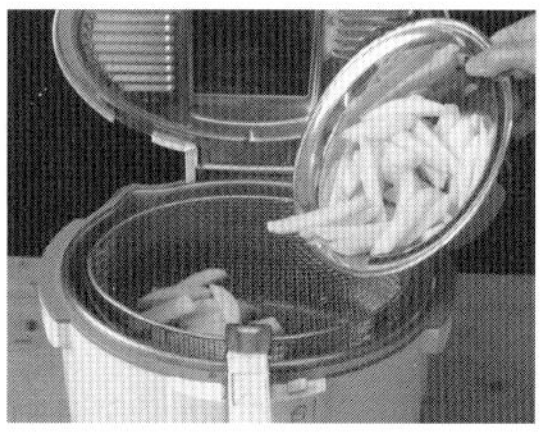

2. Frittiergut zugeben

3. Frittieren

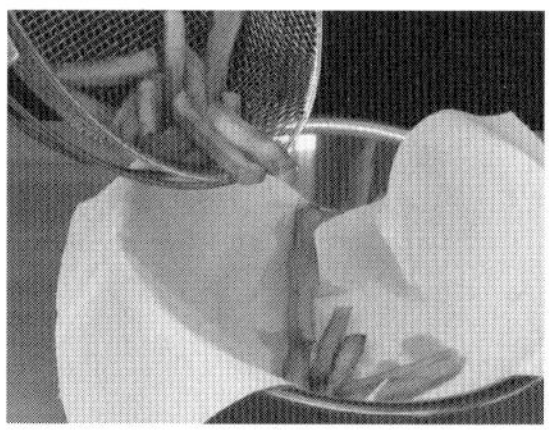

4. Überschüssiges Fett entfernen